Joyeux Noël, mes p'tits amis !
Orianne Lallemand

Pour Suzel et Nathanaël.
Claire Frossard

Joyeux Noël,
Petite taupe !

Texte de Orianne Lallemand
Illustrations de Claire Frossard

AUZOU

C’est la veille de Noël. Collée à sa fenêtre,
Petite taupe regarde la neige tomber.
Elle soupire : que va-t-elle faire de cette longue journée ?

Soudain : TOC-TOC-TOC !
Qui frappe à la porte de la petite taupe ?

Quelle bonne surprise !
C’est Jojo le blaireau et Jean-Lapin.
Entre eux, il y a... oh ! un beau sapin.

« On a pensé qu'un sapin de Noël,
ce serait joli dans ton salon », dit Jojo.

Ravie, Petite taupe aide Jojo le blaireau à installer l'arbre de Noël. Mais soudain…

TOC-TOC-TOC !

Qui frappe à la porte de la petite taupe ?

C'est Milly-Mésange et ses petits.

« Bonjour Petite taupe, dit Milly. Avec les enfants, on a fabriqué ces boules de Noël pour toi. J'espère que tu les aimeras ! »

Pour les remercier, Petite taupe les invite tous à goûter.
C'est alors que...

TOC-TOC-TOC !

Qui frappe à la porte ?

C'est Jules l'écureuil.
Il tient entre ses pattes un gros livre.

« C'est Noël demain, dit-il.
Alors je me suis dit : je vais aller lire un conte à ma petite amie. »

Très émue, Petite taupe le fait entrer. Mais elle s'inquiète : est-ce qu'il y aura assez à grignoter pour tout le monde ?

À cet instant...

TOC-TOC-TOC !

Qui frappe à la porte de la petite taupe ?

C’est Léon le hérisson.
Il apporte à Petite taupe un cake au potiron.
« Je l’ai fait cet après-midi pour ma petite taupe préférée,
dit-il. Joyeux Noël !

– Cela tombe bien, applaudit Petite taupe,
tout le monde a très faim ! »

Contes
de
LA

Tandis que Jean-Lapin découpe le gâteau, Petite taupe prépare des verres de sirop. Tous sont impatients de goûter.
Mais soudain...

TOC-TOC-TOC !

Ah mais ! Qui frappe encore à la porte ?

C'est Léo la grenouille et Clara-Mulot qui se sont faits tout beaux.
« On est venus t'inviter à dîner, dit Léo, pas question que tu sois seule pour le réveillon ! »

Petite taupe les remercie et les fait entrer.
Les deux amis en restent bouche bée : ah ça non,
Petite taupe n'est pas seule dans sa maison !

C’est enfin l’heure de se régaler.
Hum… les gâteaux à la noisette de Petite taupe sont merveilleux et le cake au potiron délicieux.

Mais soudain… TOC-TOC-TOC !

Qui frappe à la porte de la petite taupe ?

AHHH !

C’est le loup !

« N'ayez pas peur, je ne vous veux aucun mal, fait le loup tout doux. Je voulais juste souhaiter un joyeux Noël à Petite taupe. »

Et il lui fait
un gros bisou.

Quelle douce nuit ! Dans la petite maison, tout le monde est réuni. Petite taupe est au paradis.

JOYEUX NOËL, LES AMIS !

Direction générale : Gauthier Auzou
Responsable éditoriale : Laura Levy
Assistante éditoriale : Juliette Féquant
Mise en pages : Sarah Bouyssou et Eloïse Jensen
Fabrication : Virginie Champeau
Relecture : Lise Cornacchia

Loi n°49-956 du 16 juillet 1949 sur les publications destinées à la jeunesse.
Dépôt légal : octobre 2015
ISBN : 978-2-7338-3621-7

Mes grands albums

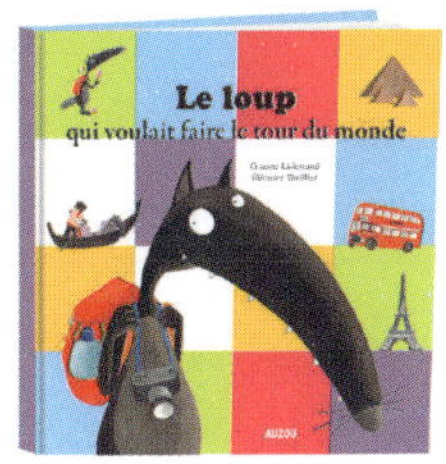

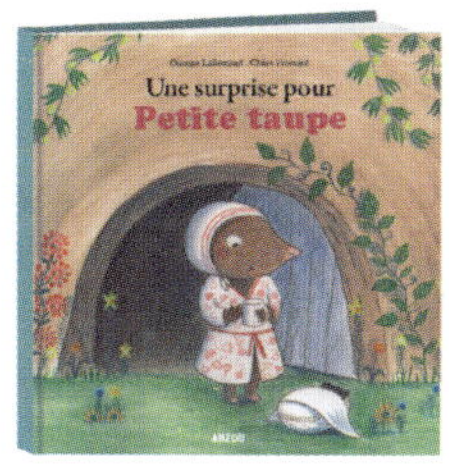